D1754134

HAPPY BIRTHDAY

Heute feiern wir den Geburtstag von:

_____

am

_____

Die besten Wünsche von:

Das wünsche ich dir heute:

Die besten Wünsche von:

Das wünsche ich dir heute:

Die besten Wünsche von:

Das wünsche ich dir heute:

Die besten Wünsche von:

Das wünsche ich dir heute:

Die besten Wünsche von:

Das wünsche ich dir heute:

Die besten Wünsche von:

Das wünsche ich dir heute:

Die besten Wünsche von:

Das wünsche ich dir heute:

Die besten Wünsche von:

Das wünsche ich dir heute:

Die besten Wünsche von:

Das wünsche ich dir heute:

Die besten Wünsche von:

Das wünsche ich dir heute:

Die besten Wünsche von:

Das wünsche ich dir heute:

Die besten Wünsche von:

Das wünsche ich dir heute:

Die besten Wünsche von:

Das wünsche ich dir heute:

Die besten Wünsche von:

Das wünsche ich dir heute:

Die besten Wünsche von:

Das wünsche ich dir heute:

Die besten Wünsche von:

Das wünsche ich dir heute:

Die besten Wünsche von:

Das wünsche ich dir heute:

Die besten Wünsche von:

Das wünsche ich dir heute:

Die besten Wünsche von:

Das wünsche ich dir heute:

Die besten Wünsche von:

Das wünsche ich dir heute:

Die besten Wünsche von:

Das wünsche ich dir heute:

Die besten Wünsche von:

Das wünsche ich dir heute:

Die besten Wünsche von:

Das wünsche ich dir heute:

Die besten Wünsche von:

Das wünsche ich dir heute:

Die besten Wünsche von:

Das wünsche ich dir heute:

Die besten Wünsche von:

Das wünsche ich dir heute:

Die besten Wünsche von:

Das wünsche ich dir heute:

Die besten Wünsche von:

Das wünsche ich dir heute:

Die besten Wünsche von:

Das wünsche ich dir heute:

Die besten Wünsche von:

Das wünsche ich dir heute:

Die besten Wünsche von:

Das wünsche ich dir heute:

Die besten Wünsche von:

Das wünsche ich dir heute:

Die besten Wünsche von:

Das wünsche ich dir heute:

Die besten Wünsche von:

Das wünsche ich dir heute:

Die besten Wünsche von:

Das wünsche ich dir heute:

Die besten Wünsche von:

Das wünsche ich dir heute:

Die besten Wünsche von:

Das wünsche ich dir heute:

Die besten Wünsche von:

Das wünsche ich dir heute:

Die besten Wünsche von:

Das wünsche ich dir heute:

Die besten Wünsche von:

Das wünsche ich dir heute:

Die besten Wünsche von:

Das wünsche ich dir heute:

Die besten Wünsche von:

Das wünsche ich dir heute:

Die besten Wünsche von:

Das wünsche ich dir heute:

Die besten Wünsche von:

Das wünsche ich dir heute:

Die besten Wünsche von:

Das wünsche ich dir heute:

Die besten Wünsche von:

Das wünsche ich dir heute:

Die besten Wünsche von:

Das wünsche ich dir heute:

Die besten Wünsche von:

Das wünsche ich dir heute:

Die besten Wünsche von:

Das wünsche ich dir heute:

Die besten Wünsche von:

Das wünsche ich dir heute:

Mein 1. Geburtstag Gästebuch
1. Auflage 2021
ISBN: 9798771689012
Autor: Louisa Liebmann

Printed in Poland
by Amazon Fulfillment
Poland Sp. z o.o., Wrocław
24 May 2024

a4f947d4-a8db-4f84-9534-efbd80c541d6R01